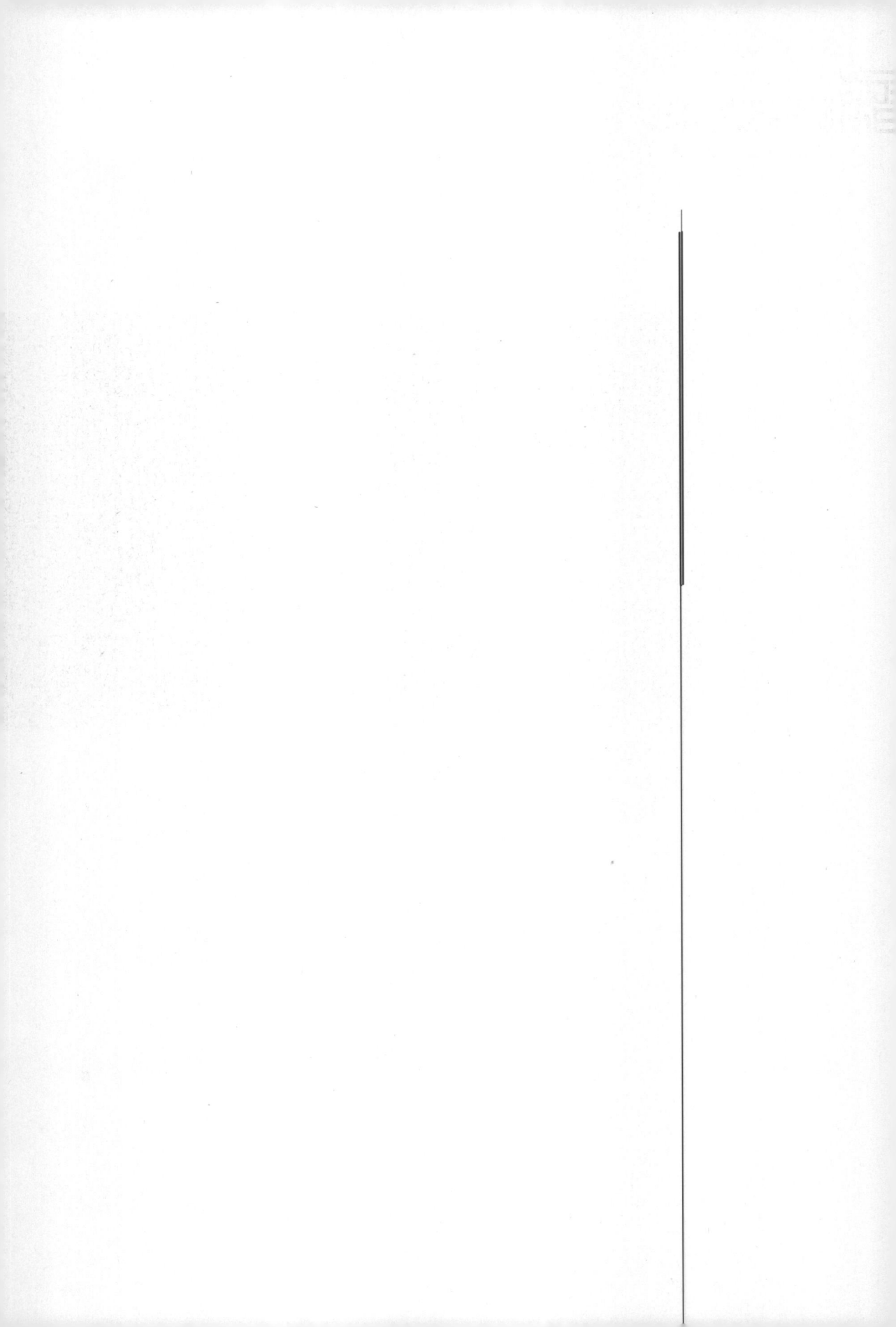

国家智库报告 2015（3）

National Think Tank

中国对外投资季度报告
（2015年第1季度）

王永中　　王碧珺　等著

THE QUARTERLY REPORT OF CHINA'S OUTWARD
INVESTMENT (QRCOI-IWEP) (FIRST QUARTER 2015)

中国社会科学出版社

图书在版编目(CIP)数据

中国对外投资季度报告.2015年.第1季度/王永中等著.—北京：
中国社会科学出版社，2015.6
（国家智库报告）
ISBN 978 – 7 – 5161 – 6188 – 3

Ⅰ.①中…　Ⅱ.①王…　Ⅲ.①对外投资—研究报告—中国—2015
Ⅳ.①F832.6

中国版本图书馆 CIP 数据核字（2015）第 111271 号

出 版 人　赵剑英
责任编辑　王　茵
责任校对　朱妍洁
责任印制　李寡寡

出　　版　中国社会科学出版社
社　　址　北京鼓楼西大街甲 158 号
邮　　编　100720
网　　址　http：//www.csspw.cn
发 行 部　010 – 84083685
门 市 部　010 – 84029450
经　　销　新华书店及其他书店

印刷装订　北京君升印刷有限公司
版　　次　2015 年 6 月第 1 版
印　　次　2015 年 6 月第 1 次印刷

开　　本　787 × 1092　1/16
印　　张　4.75
插　　页　2
字　　数　39 千字
定　　价　19.00 元

项目组负责人： 姚枝仲　中国社会科学院世界经济与
　　　　　　　　政治研究所副所长、研究员

项目组成员： 姚枝仲　张　明　王永中　张金杰
　　　　　　　李国学　韩　冰　潘圆圆　王碧珺
　　　　　　　匡可可　高　蓓　陈　博　刘　洁
　　　　　　　黄瑞云　赵奇锋

执　笔　人： 王永中　王碧珺　韩　冰　高　蓓
　　　　　　　黄瑞云　赵奇锋

目　录

租赁和商务服务业海外投资强劲，制造业"走出去"有所增长

——2015 年第 1 季度中国对外直接投资报告 [*]

摘　要

2015 年第 1 季度，中国海外兼并收购完成额有所下降。从行业上来看，租赁和商务服务业成为该季度中国海外兼并收购的第一大行业，采矿业和金融业海外投资降幅明显，制造业海外投资有所增长。从区域上来看，北美洲、欧洲和亚洲成为中国海外兼并收购的三大目的地，吸纳了该季度海外兼并收购总额的 95%、总项目数

---

　* 本报告是中国社会科学院世界经济与政治研究所国际投资研究室的集体研究成果之一。执笔人为王碧珺与黄瑞云。参加讨论的人员包括姚枝仲、张明、王永中、张金杰、李国学、潘圆圆、韩冰、王碧珺、高蓓、陈博、刘洁、黄瑞云与赵奇锋。

的 85%。与去年第 4 季度相比，内地企业对拉丁美洲的兼并收购下降幅度非常明显。在政策方面，中韩自贸协定谈判结束，韩版负面清单也浮出水面。中美、中欧有望进一步推进双边投资协定谈判，这将为中国企业的海外投资提供便利。

一　中国海外直接投资特征

根据商务部的最新数据，今年 1 季度，我国境内非金融类投资者共对全球 142 个国家和地区的 2331 家境外企业进行了直接投资，累计实现投资 257.9 亿美元，同比增长 29.6%。其中股本和其他投资 215.9 亿美元，占 83.7%，利润再投资 42 亿美元，占 16.3%。

兼并收购是中国对外直接投资的重要形式，根据 BVD – ZEPHYR《全球并购交易分析库》与 IIS，2015 年第 1 季度中国完成海外并购共计 77.26 亿美元（如图 1）。另外，该季度中国还有 96.19 亿美元的海外兼并收购意向（已宣布，尚未完成）。对上述交易（包括已完成，已宣布尚未完成）进行分析，可以发现如下特点：

亿美元

图表数据：
- 2014年第2季度：100.93
- 2014年第3季度：120.65
- 2014年第4季度：105.59
- 2015年第1季度：77.26

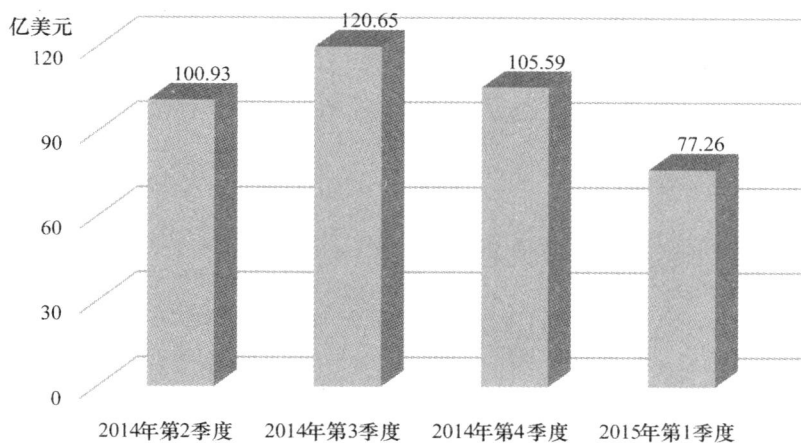

图1 2014年第2季度至2015年第1季度中国企业海外兼并收购完成额

数据来源：BVD‑ZEPHYR《全球并购交易分析库》与IIS。

1. 海外兼并收购完成额有所下降

今年1季度中国海外兼并收购完成额总计77.26亿美元，比2014年第4季度大幅下降了27%。这主要与以下多方面因素有关：

首先，国内经济继续走弱，在增加企业"走出去"动力的同时，也削弱了企业"走出去"的实力。2015年第1季度，中国各主要宏观经济指标继续维持疲弱状态。工业企业增加值降至新低水平，经济综合PMI指数、非制造业PMI、综合PMI均处于2009年以来的最低水平，中国投资增速进一步走弱。尤其是固定资产投资增速进一步创下

2003 年有数据以来的新低。此外，中国消费、出口需求也有走弱的迹象。从各方面表现来看，中国经济都增长乏力。这虽然增加了企业"走出去"寻求更多市场空间的动力，但是也削弱了企业"走出去"的资金实力。

其次，民营企业逐渐成为海外投资主力军，降低了中国海外投资整体的平均规模。国有企业在中国对外直接投资中的确扮演着重要角色，但其相对重要性正在下降。相对于民营企业，国有企业在海外扩张过程中能够从政府获得更多的资金支持，较少关注盈利性，并且承担了部分实现国家战略目标的责任。而民营企业由于受制于资金约束以及较少委托代理问题，在海外投资上更为经济谨慎，投资规模普遍更小。

最后，各省市围绕"一带一路"出台基础设施建设方案，并推广公私合营模式（PPP 模式），导致国内公共部门和私人部门相当一部分资金流向了国内基础设施建设及相关产业。2014 年下半年起，随着各省份"一带一路"基础设施建设规划的相继出台，很多省份积极推广公私合营模式进行基础设施建设，导致相当部分的民营企业的资金流入国内的基建以及相关的产业。与此相关的国内建材、玻璃等制造业和金融业也吸引了国内的不少投资者。再加上中国企业在国外的基础设施建设（如高速公路、铁路）投资受到一定阻力，导致今年的海外兼并收购开场稍显暗淡。

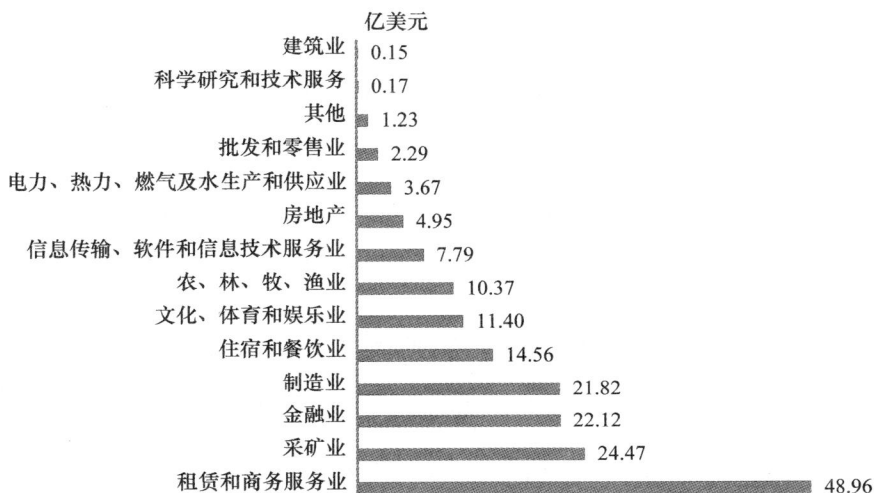

亿美元

行业	投资额
建筑业	0.15
科学研究和技术服务	0.17
其他	1.23
批发和零售业	2.29
电力、热力、燃气及水生产和供应业	3.67
房地产	4.95
信息传输、软件和信息技术服务业	7.79
农、林、牧、渔业	10.37
文化、体育和娱乐业	11.40
住宿和餐饮业	14.56
制造业	21.82
金融业	22.12
采矿业	24.47
租赁和商务服务业	48.96

图 2　2015 年第 1 季度中国跨境兼并收购行业分布（投资额）

数据来源：BVD – ZEPHYR《全球并购交易分析库》与 IIS。

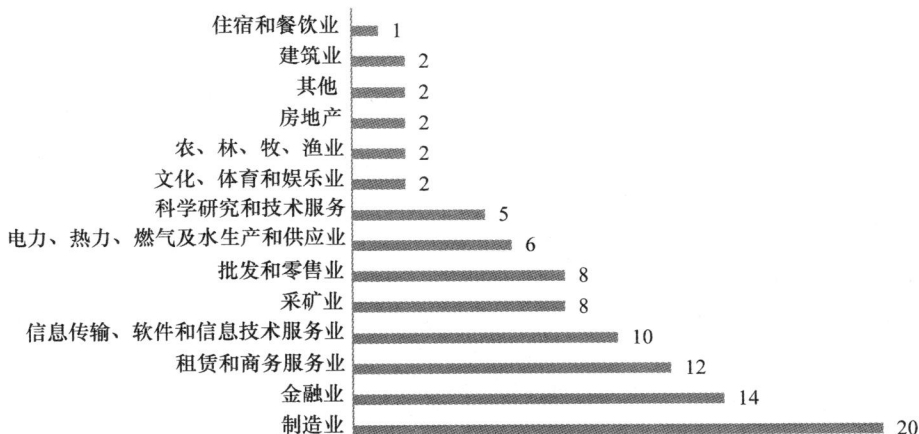

行业	项目数
住宿和餐饮业	1
建筑业	2
其他	2
房地产	2
农、林、牧、渔业	2
文化、体育和娱乐业	2
科学研究和技术服务	5
电力、热力、燃气及水生产和供应业	6
批发和零售业	8
采矿业	8
信息传输、软件和信息技术服务业	10
租赁和商务服务业	12
金融业	14
制造业	20

图 3　2015 年第 1 季度中国跨境兼并收购行业分布（项目数）

数据来源：BVD – ZEPHYR《全球并购交易分析库》与 IIS。

2. 租赁和商务服务业成为第 1 季度中国海外兼并收购的第一大行业

2015 年第 1 季度，中国企业海外租赁和商务服务业投资增长强劲，兼并收购 12 起共计 48.96 亿美元，占同期中国企业海外兼并收购额的 28%，项目数的 13%，比 2014 年第 4 季度的 24.98 亿美元增加了约 1 倍，成为该季度中国海外兼并收购的第一大行业。

租赁和商务服务业的兼并收购以民营企业为主，如安邦集团、华为集团等，还包括国有控股企业渤海租赁公司以及九牧王等中外合资企业，主要涉及集装箱租赁、资产管理、广告业、旅游服务和医疗服务等业务。内地企业在租赁和商务服务业的海外直接投资 95% 投向了北美洲（主要是百慕大）以及欧洲（主要是荷兰），同时还有 9 个项目分布在中国香港、新加坡、以色列、澳大利亚和英国（见表 1）。

表 1　　　　　　　中国海外租赁和商务服务业投资的地区分布

	投资额（亿美元）	项目数量	投资额比重（%）	项目数比重（%）
北美洲	27.49	2	55	17
其中：百慕大	27.49	2		

续表

	投资额（亿美元）	项目数量	投资额比重（%）	项目数比重（%）
欧洲	19.40	2	40	17
其中：荷兰	19.40	1		
英国	n. a.	1		
亚洲	2.05	6	4	50
其中：香港	1.20	4		
新加坡	0.60	1		
以色列	0.25	1		

数据来源：BVD – ZEPHYR《全球并购交易分析库》与 IIS。

3. 采矿业和金融业海外投资降幅明显，制造业海外投资有所增长

租赁和商务服务业、采矿业和金融业是 2015 年第 1 季度中国海外投资最多的三个行业，三者合计占该季度中国海外兼并收购额的 55%，项目数的 36%。但与租赁和商务服务业环比增长强劲、翻了一倍形成对比，采矿业和金融业海外投资在第 1 季度降幅明显。该季度，采矿业海外兼并收购 8 起合计 24.47 亿美元，比上季度下降了 38%；金融业海外兼并收购 14 起合计 22.12 亿美元，比上季度下降了 39%。从类别上来看，海外油气开采投资有所下降，本季度采矿业海外投资主要集中于格

陵兰的铁矿石、加拿大的煤矿和南非的黄金、铂等贵金属的开采。金融业海外投资主要集中于保险和控股公司业务。

在制造业海外投资方面，我国企业对海外汽车和电子产品生产企业的投资热情高涨，使得制造业在2015年第1季度的海外投资规模迅速回升，发生项目数20起共21.82亿美元，比去年第4季度的7.39亿美元增长了2倍。该季度制造业海外投资主要集中在英国的汽车和设备制造、香港的设备和电子产品制造以及印尼的汽车制造等方面。

4. 亚洲跃居前三强，拉丁美洲投资大幅下降

2015年第1季度，中国企业海外投资的区域性非常明显。北美洲、欧洲与亚洲一并成为中国企业海外投资的主要目的地，三者吸纳了同期中国海外兼并收购总投资额的95%、总项目数的85%（见图4）。亚洲在该季度吸引了大量内地企业前往投资，跃居中国海外兼并收购的第三大目的地，而中国企业对拉丁美洲的投资明显下降，成为该季度投资额最少的区域。

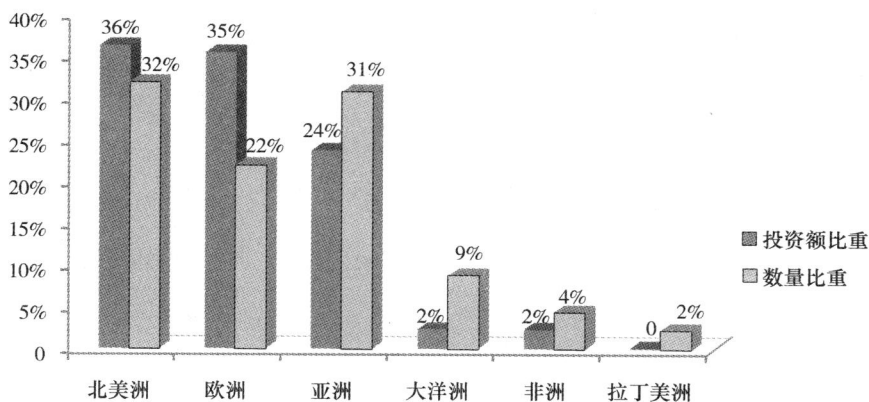

图4 2015 年第 1 季度中国跨境兼并收购区域分布

数据来源：BVD – ZEPHYR《全球并购交易分析库》与 IIS。

表2 2015 年第 1 季度中国前十大跨境兼并收购目的地

国家	投资额（亿美元）	数量
百慕大	29.70	8
荷兰	21.05	4
格陵兰	20.00	1
法国	14.56	1
瑞士	10.97	2
英国	10.88	4
以色列	10.62	2
韩国	10.37	2
开曼群岛	7.74	5
香港	7.03	12

数据来源：BVD – ZEPHYR《全球并购交易分析库》与 IIS。

在 2015 年第 1 季度，北美洲超过欧洲，跃居第一大中国海外投资目的地。在北美洲的投资发生 29 起共

62.81 亿美元，主要集中在百慕大、格陵兰、开曼群岛、美国和加拿大五国。在北美的投资额大部分流向了百慕大的集装箱租赁、广告业和电子产品制造业，格陵兰的铁矿项目，开曼的芯片制造业、批发零售业和污水处理，美国的软件开发、批发零售、金融和新能源开发等，以及加拿大的煤矿、贵金属开采业。百慕大和开曼群岛作为"避税天堂"和发达的离岸金融中心，政局较稳定，金融开放，没有外汇管制，成功吸引众多内地企业前往兼并收购和注册新公司。美国作为全球第一经济大国，拥有全球领先的 IT 技术和新能源开发技术，并且金融市场发达，是非常具有投资吸引力的目的地之一。

中国企业在欧洲的投资额仅次于北美洲，发生 20 起合计 61.39 亿美元，比上季度有所增加，成为中国海外投资的第二大目的地。在欧洲的投资主要集中在荷兰、法国、瑞士和英国，以荷兰的资产管理服务、保险业、软件开发和法国的酒店运营为主，瑞士的体育业、英国的金融服务和汽车制造也是重要的投资对象。此外，德国的汽车制造、捷克的元件制造、西班牙的体育业和意大利的电力传输业也吸引中国企业前往投资。

中国企业海外投资的第三大目的地是亚洲。2015 年第1季度，中国企业在亚洲兼并收购41.16亿美元，比去年第4季度增加了51%。以色列发达的农业、韩国的金融市场、印度尼西亚的劳动成本优势，以及香港作为自由港、国际金融中心和内地与世界之间的"窗口"角色，使得内地企业在亚洲投资额的85%流向了以色列的农产品、韩国的保险业、印度尼西亚的汽车制造以及香港的金融业、商务服务业和电子产品制造业。印度的IT行业、新加坡的商务管理业以及泰国的基础设施建设也成为该季度海外投资的重要对象。

中国对拉丁美洲的投资大幅下降。2015年第1季度，中国企业在拉丁美洲的投资仅有维京群岛的2起金融业兼并收购，合计0.62亿美元，与去年4季度的27.18亿美元相比，下降幅度非常明显。随着新兴经济体经济增长放缓，大宗商品超级周期基本结束，拉丁美洲对资金的吸引力有所下降。再加上拉美地区各个国家财政状况不佳以及不断拉高的经常账户赤字，推高了该地区公共和私营部门的负债风险，加剧了拉美地区经济和金融的脆弱性。此外，在中国政府的大力反腐下，国有企业海外投资，尤其是资源类大规模海外投资，变得更加谨慎，这在一定程度上也降低了资源富裕地区拉丁美洲的投资吸引力。

5. 2015 年第 1 季度前十大海外兼并收购项目

按照投资规模排序，本文总结了 2015 年第 1 季度中国海外兼并收购前十大交易（见表 3）。与 2014 年 4 季度相比，今年第 1 季度前十大海外兼并收购项目的一个鲜明特征是民营企业成为主力军。同时，行业布局更趋向多元化，涉及采矿业，租赁和商务服务业，住宿和餐饮业，文化、体育和娱乐业，农、林、牧、渔业，金融业，制造业，信息传输、软件和信息技术服务业共 8 类行业。

该季度最大的一笔交易是俊安集团在今年 1 月份宣布斥资 20 亿美元收购格陵兰的 Isua 铁矿石项目。Isua 矿地处严寒的北极，给俊安集团带来很大的技术挑战。安邦集团第 1 季度海外投资涉及两笔较大交易。2015 年 2 月 16 日安邦宣布出资 19.4 亿美元收购荷兰领先的保险和资产管理公司——Vivat 保险公司，主要目标业务为资产管理服务，也包括一些保险业务。随后，安邦集团在 2 月 17 日又宣布耗资 10.27 亿美元收购韩国东洋人寿保险公司 63% 的股份，成为该季度的第六大交易。

表3　　　　　　　　2015 年第 1 季度中国前十大跨境兼并收购项目

	中国企业	目标企业	目标国家	投资额（亿美元）	目标行业	持股比例（％）	是否完成
1	俊安集团	Isua 铁矿项目	格陵兰	20.00	采矿业	100	否
2	安邦集团控股有限公司	Vivat 保险公司	荷兰	19.40	租赁和商务服务业	100	否
3	上海锦江国际酒店公司	卢浮宫酒店集团	法国	14.55	住宿和餐饮业	100	是
4	万达	盈方体育传媒	瑞士	10.89	文化、体育和娱乐业	100	否
5	光明食品有限公司	Tnuva 食品工业有限公司	以色列	10.37	农、林、牧、渔业	77	是
6	安邦保险集团股份有限公司	东洋人寿保险有限公司	韩国	10.27	金融业	63	否
7	上汽通用五菱	一家汽车装配厂	印度尼西亚	7.00	制造业	100	是
8	工商银行中国有限公司	渣打银行	英国	6.90	金融业	60	是
9	蚂蚁小微金融服务集团	ONE97 通讯有限公司	印度	5.00	信息传输、软件和信息技术服务业	25	否
10	澳华 IC 资本	中芯国际	开曼群岛	4.00	制造业	12	否

数据来源：BVD – ZEPHYR《全球并购交易分析库》与 IIS。

　　该季度，上海锦江国际酒店公司完成了对法国卢浮宫酒店的收购。在 2015 年 2 月上旬，万达集团宣布斥资 10.89 亿美元收购瑞士盈方体育传媒。光明集团于 3 月底完成对以色列的 Tnuva 食品工业有限公司 77％ 股权的收购，共耗资 10.37 亿美元。上汽通用五菱在印度尼西亚建立汽车生产基地，对发达国家车企的区位主导权形成挑战。此外，工商银行出资 6.9 亿美元获得渣打银行 60% 的股权，阿里巴巴旗下的蚂蚁小微金融服务集团宣布斥资 5 亿美元收购印度 ONE97 通讯公司 25% 的股权。

二　政策展望

1. 中韩自贸协定谈判结束，韩版负面清单浮出水面

中韩双方于今年 2 月 5 日完成了中韩自贸协定（FTA）全部文本的草签，并将于今年上半年正式签署协定。双方承诺在协定签署后将基于准入前国民待遇和负面清单模式开展投资协定谈判。中韩 FTA 范围覆盖投资、规则、服务贸易和货物贸易共 17 个领域，是中国迄今为止涉及领域范围最全面的自贸协定。

据韩国公布的中韩 FTA 文本显示，"韩版" FTA 负面清单已经浮出水面。中国企业收购韩国能源和航空领域的企业可能会受到限制。尽管如此，负面清单的出炉有利于内地企业在韩投资的便利化。韩国已经加入亚投行，成为创始成员国，中韩有望在基础设施建设方面有进一步的投资合作。

2. 中美、中欧有望进一步推进 BIT 谈判

中美双边投资协定（BIT）谈判在 2015 年将继续不断推进。2015 年 2 月 8 日，第 18 轮中美投资协定谈判在美国华盛顿落下帷幕，双方已经基本完成投资协定文本谈判，进入负面清单的谈判阶段。如果中美 BIT 谈判成功，将有助于降低中国企业赴美投资的额外成本和风险，同时推进国内相关领域的改革。

在欧洲方面，中欧已经进行了四轮 BIT 谈判。3 月上旬，我国收到新一届欧盟领导机构批准的欧方谈判文本，我方准备向欧方提交我国关于投资协定的建议文本。尽管中欧双方在市场保护、投资性质和方向、产业对外投资开放比例等方面存在一些分歧，但是经济复苏缓慢的欧洲急需中国的资本和市场来提振国内经济，以彻底走出经济衰退的阴影。

三　前景展望

2013 年习近平主席提出共建"一带一路"战略构想，今年 2 月推进"一带一路"建设工作会议在北京召

开。"一带一路"战略对内地企业而言是重要的投资机遇，将激励更多的中国企业"走出去"寻找商机，掀起新一轮的海外投资热潮。尽管如此，中国企业要注意防范对外投资风险，包括经济风险、社会风险、安全风险等，特别要注意控制地缘政治、投资金融、政府更迭等方面的风险。

1. 预计欧亚基础设施建设及相关行业成为中国企业的重要投资对象

"一带一路"是一个长远的战略构想，基础设施互联互通是"一带一路"建设的优先领域。"一带一路"贯穿欧亚，辐射非洲。沿线国家的基础设施建设还有很大的完善空间。亚投行的成立更是为基础设施建设注入了真金白银。预计"一带一路"沿线国家的铁路、公路、港口、航空等基础设施建设将成为中国企业海外投资的热点。

基础设施的完善将带动中国企业对其他相关行业的海外投资。基础设施建设将带动中国企业对海外制造业的投资，如钢铁、建材等。与中亚、南亚和西亚的发展中国家相比，我国在制造业方面拥有较成熟的技术和成本优势。油气开采、电力电网、通信、核电、装备等行业也将是海外投资的重点。随着基础设施的完善，旅游、商贸物流、农业等领域也将迎来新的海外投资机会。

2. 民营企业在房地产、IT 等领域或将成为海外投资的主力军

随着我国市场经济的发展和全球经济一体化的推进，民营企业在对外直接投资中的重要性逐渐上升。截至 2013 年底，民营企业占我国对外直接投资总额的比例为 45%，并且保持上升的趋势。在"一带一路"基础设施建设中，国有企业具有资金和技术优势，将成为投资主力。基础设施投资资金量大，回收周期长，民营企业受资金限制比较大。此外，国有企业掌握较好的基建技术。因此，国有企业在海外基础设施建设领域更具优势。

然而，由于国有企业被怀疑带着国家的战略目标到海外，容易受到外国政府的抵制。相比较而言，外国政府更欢迎中国的民营企业前往投资。以万达、华为、复星和苏宁等为代表的我国民营企业在海外的 IT、房地产、物流等领域非常活跃。在这些领域，民营企业有望成为未来中国海外投资的主力军。

美国金融资产投资维持稳定，
外汇储备运用途径显著拓宽

——2015 年第 1 季度中国对外间接投资报告*

摘　要

2014 年 9 月至 2015 年 1 月期间，中国持有的美国金融资产的绝对规模及其占外汇储备的比例均处于稳定状态。从投资的美国金融资产内部结构看，国债、股票和企业债券的比例基本维持稳定，机构债券的比例有小幅回升，银行存款的比重有所下降。近来，中国外汇储备的创新运用方式显著拓宽，具体体现在：一是向国有商

　＊ 本报告是中国社会科学院世界经济与政治研究所国际投资研究室的集体研究成果之一。执笔人为王永中、赵奇锋。参加讨论的人员包括姚枝仲、张明、张金杰、李国学、潘圆圆、韩冰、王碧珺、高蓓、陈博、刘洁与黄瑞云。

业银行发放长期贷款；二是发放委托贷款；三是定向发行专项债券；四是注资国际开发性金融机构和国内政策银行；五是增加黄金、石油等大宗商品的储备。2015 年 2 月末，日本反超中国成为美国国债的最大海外持有国。不过，中国在 2015 年 3 月有再度超越日本成为美国国债的最大海外投资者。日本在投资美国国债上逆转中国可能具有指针性意义，预示着两国的持有量差距很可能会逐步拉大。当前，中国应顺应"一带一路"战略的需要，适时调整外汇储备的管理体制和原则，实现投资模式由消极被动向积极主动转变；继续推进币种结构多元化，维持美元资产比例稳定，完善美元资产结构，适当增持欧元、日元资产；通过海外产业发展基金和投资平台实现外汇储备分散化配置，提高外汇储备的投资收益。

一 中国投资美元证券资产状况

中国持有的美国证券资产继续维持信用等级高、期限长的特征。截至 2015 年 1 月底，中国持有的美国证券资产的规模达 17915 亿美元，其中，美国国债 12391 亿美元，机构债券 2098 亿美元，股票 3198 亿美元，企业债券 228 亿美元。如表 1 所示，中国持有的美国证券资产继续呈现出两个基本特征：**一是信用等级高**。中国持有 AAA 信用等级的美国国债和机构债券的价值高达 14489 亿美元，占证券持有总额的 80.9%，而股票、企业债券等高收益的资产的比例仅分别为 17.9%、1.3%。**二是期限长**。中国持有的美国长期债券资产规模达 14886 亿美元，占持有的美元资产总量的 81.9%，而短期债券的比重不到 0.5%。这一期限结构使得中国持有的美元证券资产特别易遭受美国利率风险的不利冲击。美联储退出量宽和提高利率将不可避免地对中国投资的美元长期债券的市场价格产生显著的负面影响。

2014 年 9 月至 2015 年 1 月期间，美国金融资产占中国外汇储备的比重停止了快速下滑的步伐，基本维持稳定。如图 1 显示，2010 年 6 月至 2014 年 6 月，美元资产占中国外汇储备的比例持续快速下跌，由前期的 66.5% 大幅下跌至后期的 48.3%，下跌了 18.2 个百分点。中国持有的美元资产占外汇储备的比例在 2014 年 9 月小幅反弹至 49.2%，并在当年 11 月攀升至 49.9% 的阶段性高点，随后下跌至 2015 年 1 月的 49.3%。近来，美元资产比例之所以维持稳定，一个重要的原因是美元的强势表现。考虑到美国经济弹性和美元汇率可能因美联储升息进一步升值，中国维持美国资产占外汇储备比例的稳定不失为一个理性选择。

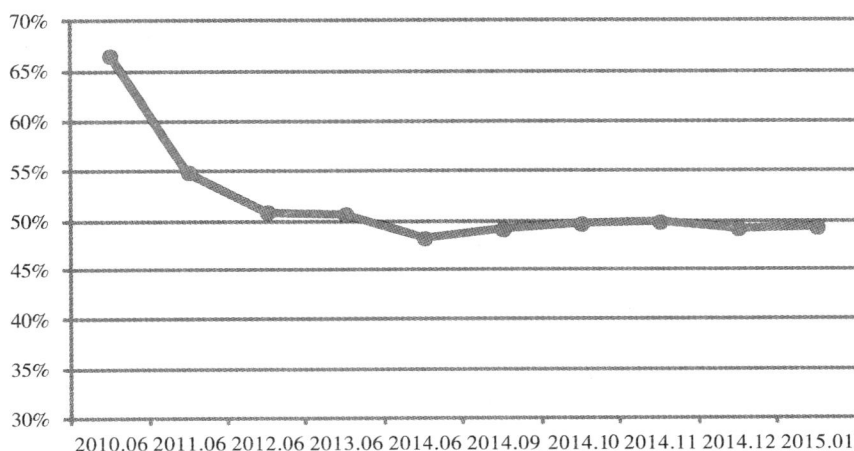

图 1 中国持有的美元资产占外汇储备的比例

资料来源：美国财政部、中国人民银行。

中国对美国国债的投资规模自 2013 年 6 月以来呈现出稳定地逐步下降态势。2015 年 2 月，中国持有的美国国债规模为 12237 亿美元，比 2014 年末下降了 206 亿美元，下降幅度为 1.65%；比 2011 年 6 月末的峰值水平减少了 832 亿美元，下降了 6.37%。2014 年 9 月以来，由于中国外汇储备、中国持有美国金融资产的增长速度明显趋缓，甚至绝对额出现下降，导致中国持有的美国国债占中国外汇储备、中国投资的美元金融资产的比例较为稳定，分别维持在32.4%、65.7%左右的水平上（见图2）。

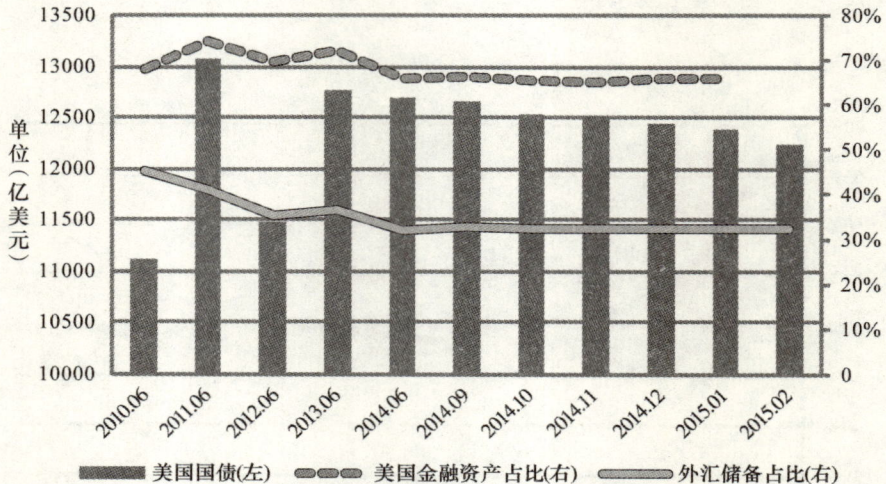

图2　中国投资的美国国债及占中国持有的外汇储备、美国金融资产的比例

资料来源：美国财政部。

股票占中国投资的美元金融资产的比例的上升势头显著趋缓，基本维持稳定。在过去的3—4年，由于美国股票市场强劲反弹，中国对美国的股票投资规模迅速增长，由2010年6月末的1270亿美元大幅升至2014年6月末的3197亿美元，占外汇储备的比例也相应由7.8%升至16.6%。2014年9月以来，中国投资的股票资产规模的增长速度处于停滞状态，基本维持在3200亿美元的水平上，占外汇储备的比例也稳定在17%左右。

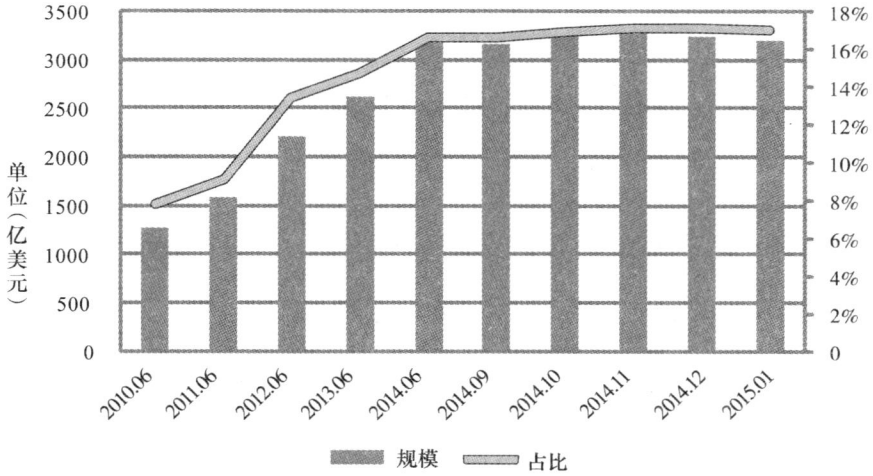

图 3　中国投资的美元金融资产中股票的比例

资料来源：美国财政部、中国人民银行。

表 1　　　　　　　　　中国持有美国金融资产的种类及规模　　　　　　单位：亿美元

日期 （月末）	存款	证券	股票	长期债券			短期债券		
				国债	机构债	公司债	国债	机构债	公司债
2010.06	224	16109	1270	11080	3600	110	40	1	8
2011.06	298	17272	1590	13020	2450	160	49	0	3
2012.06	577	15922	2209	11385	2024	218	84	2	0
2013.06	384	17349	2605	12721	1740	234	46	2	1
2014.06	1099	18169	3197	12607	2043	236	87	7	0
2014.09	1021	18090	3167	12648	2029	225	15		6
2014.10	1113	18032	3243	12513	2028	226	14		8
2014.11	1004	18187	3277	12491	2173	228	12		6
2014.12	911	18001	3237	12428	2087	226	15		8
2015.01	890	17915	3198	12376	2098	224	15		4
2015.02	1099			12220			17		4

　　注：2010 年 6 月末至 2014 年 6 月末的数据为年度调查数据，其他数据为月度数据。相较于年度数据，月度数据存在较明显的"托管偏误"问题，低估了中国持有美国证券资产的规模。

　　资料来源：美国财政部。

二　外汇储备的运用途径显著拓宽

近年来，为分散外汇储备的投资风险，提高外汇储备的长期投资回报，支持国内企业特别是战略性企业和金融机构走出去，中国外汇储备的创新运用步伐明显加快。具体体现在：

第一，向国有商业银行发放长期贷款。为支持国内商业银行向走出去的国内企业发放外汇贷款，外管局向国内商业银行发放长期（10 年期）外汇贷款，贷款利率通常是在 Libor 基准利率的基础上约提高 300 个基点。长期贷款是国内商业银行一项重要的外汇资金来源。对于国内商业银行而言，这种信贷工具的优点在于：一是获得长期稳定的资金来源，国内商业银行难以在国际市场筹措到期限为 10 年的长期资金。二是不承担汇率风险。例如，若外管局向商业银行发放的是美元贷款，商业银行向企业发放的也是美元贷款。三是贷款利率成本相对较低。国内商业银行的国际信用等级不高，在国际市场筹集长期资金通常需要支付较高的风险溢价。

第二，发放委托贷款。外管局设立委托贷款办公室，委托国家开发银行和进出口银行等银行机构，向国内的大型企业发放委托贷款，支持其开展国际业务。至于委托贷款的发放规模，目前没有确切的数据，估计有3000亿—4000亿美元，约占外汇储备的7%—10%。

第三，定向发行专项债券。2015年4月3日，李克强在主持召开"中国装备走出去和推进国际产能合作座谈会"时，提出"要拓宽外汇储备运用渠道。通过定向发行专项债券等方式，对重点合作项目提供更多融资服务"。随着"一带一路"战略的实施，基础设施领域将是中国对外投资的重点领域，预计工程机械、高铁、核电等装备企业走出去步伐将明显加快，定向发行专项债券的方式将会得到更为广泛的应用。

第四，注资国际开发性金融机构和国内政策银行。为提升中国等新兴经济体在全球金融体系中的地位，中国主导建立或筹备设立数家国际性开发金融机构，如亚洲基础设施投资银行、金砖国家开发银行和丝路基金等，中国政府对这些国际开发性金融机构注入的资金将基本来自外汇储备。中国占亚洲基础设施投资银行的出资比例尚未确定，有可能达40%，出资规模可能达400亿美元；中国对金砖国家开发银行的初始注资额为100亿美元，最终出资额为 200 亿美元；中国对丝路基金的注资额为 400 亿美元。从而，中国外汇储备对这三家国际开发性金融机构的注资总规模将约为 1000 亿美元。同时，在这三家开发性机构实际运作后，外管局将会与其开展紧密的合作，很可能通过认购债券、发放贷款等方式向其提供大量的资金。

另外，为向实施"一带一路"战略的国内企业提供资金，中国政府启动了对国内政策性银行的新一轮注资，以巩固其支持企业"走出去"的资金实力。据报道，中央银行此次将向政策性银行注资 620 亿美元，其中，国家开发银行获资 320 亿美元，进出口银行注资 300 亿美元。此次注资将采取外汇储备委托贷款债转股的形式。同时，农发行将获财政部"返税"式注资，初步方案是以逐年返还该行上缴的税收这一方式，为其增加注册资本金，注资金额可能约为 1500 亿元人民币。

第五，增加黄金、石油等大宗商品的储备。在过去的一两年时间，全球大宗商品价格下跌，为中国大幅增加大宗商品物资储备提供了良好的市场机会。作为资源相对贫乏的国家，中国确实利用了这一难得的机会，加大了储备的力度。例如，中国趁国际油价大幅下跌之机，大手笔增加石油储备，致使其石油储备能力处于饱和状态。同时，中国也利用黄金价格大幅下跌的机会，显著加大了黄金的收储力度。根据彭博信息研究公司（Bloomberg Intelligence）的数据估算，自 2009 年 4 月更新数据以来（当时的储备为 1054 吨），中国央行的黄金储备可能增长两倍，达 3510 吨，仅次于美国的 8133.5 吨，位居全球第二。按当前黄金价格 1190 美元/盎司计算，中国央行黄金储备的市场价值将由 2009 年 4 月的 403.3 亿美元大幅升至目前的 1342.9 亿美元，占外汇储备的比例达 3.6%。

三　日本曾短暂超过中国成为美国国债最大的海外投资者

一个值得关注的现象是，2015 年 2 月末，日本反超中国成为美国国债的最大海外持有国。在此之前，中国长期占据着美国国债的最大海外投资者的地位。图 4 显示了 2014 年 2 月至 2015 年 2 月美国国债两个最大海外投资国——中国和日本持有量的变化轨迹。2014 年 7 月以来，可能出于美联储升息的担忧，中国连续 8 个月减持美国国债，而日本持有美国国债的波动幅度较大，但总体上看是呈上升的态势。2015 年 2 月末，中国持有的美国国债总量为 12237 亿美元，略低于日本的 12244 亿美元，从而，日本反超中国成为美国国债的最大海外持有国。不过，在 2015 年 3 月，中国增持了 373 亿美元的美国国债，持有量增至 12610 亿美元，而日本仅增持了 25 亿美元，其持有量升至 12269 亿美元。中国再度超越日本成为美国国债的最大海外持有者。

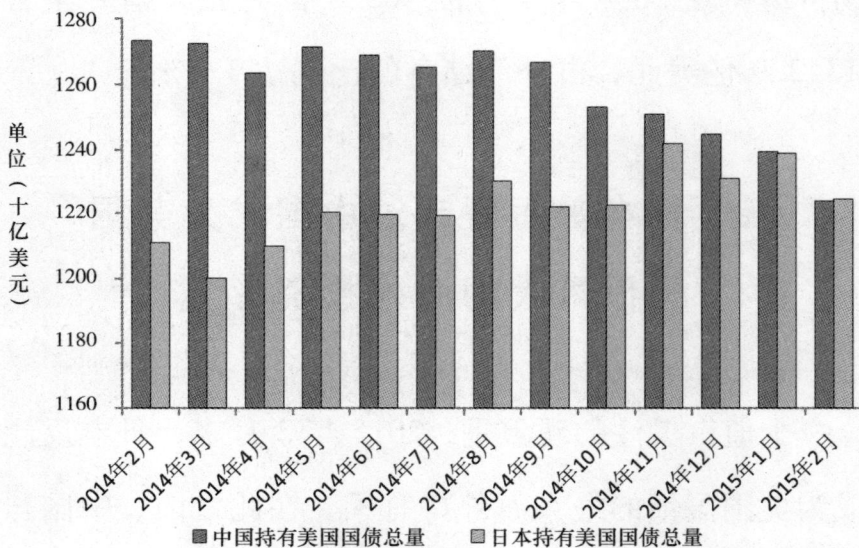

图 4　2014 年 2 月至 2015 年 2 月中日两国持有美国国债变化趋势

资料来源：美国财政部。

考虑到美国的 TIC 统计数据存在着"托管误差"，中日两国均可通过伦敦、香港、卢森堡等一些国际离岸金融中心投资美国国债，且中日目前持有美国国债量的数量差异在毫厘之间，因此，难以判断中日谁究竟是美国国债的最大海外投资者。但是，日本在投资美国国债上短暂逆转中国可能具有指针性意义，预示着日本未来仍有可能超越中国成为美国国债的最大海外持有者。具体体现在：

一方面，日本对美国国债将继续保持投资热情。原因有三点：一是美元在未来一段时间仍可能保持强势，日元汇率相对于美元仍将处于弱势地位，吸引日本的资本流入美国；二是美联储退出量宽和 2015 年下半年的升息预期，将拉大美元资产和日元资产之间的利息回报差距，导致高回报美国国债受到日本投资者的青睐；三是美日政治特殊关系隐性的要求日本维持对美国国债投资行为的稳定性，这似乎在某种程度上可理解为日本向美国交纳的"保护费"，以换取美国向其提供国防安全保障。

另一方面，随着"一带一路"战略的实施，中国外汇储备多元化步伐的加快，以及中国对外投资能力的逐步提升，中国对于直接投资、基础设施投资、私人证券、另类投资等硬资产或高收益资产的投资兴趣会显著上升，而对于美国国债这种低收益率资产的投资意愿将会下降，从而，中国未来将会继续小幅减持美国国债。因此，未来数年，日本将很可能取代中国，长期成为美国国债的最大海外持有国。

四　中国持有美元金融资产的问题与风险

1. 股票等高收益类证券占比偏低，整体资产收益状况不容乐观

2010 年 6 月以来，中国持有美国债务类证券占比有所下降。2015 年 1 月末，中国持有美国金融资产中债务类证券比重已经由最高时的 92% 降至 82%，但仍然处于偏高水平。而且，中国所持有的美国债券中绝大部分是长期国债，收益较高的机构债和公司债的比例很低。2015 年 1 月末，中国持有的美国长期债券中收益率较高的机构债和公司债占比为 15.8%。从而，中国持有的美国金融资产主要集中于安全性较高但收益率较低的长期国债，这不仅显著拉低了中国外汇储备的收益率，还导致风险没有有效分散，过度集中于美国长期国债这一证券产品。

图 5 显示了 2014 年 1 月至 2015 年 3 月美国国债收益率走势，包括半年期（短期）、一年期（中期）和十年期（长期）三种期限。2014 年以来，美国长期国债收益率表现出持续震荡走低的态势，2014 年 12 月末已下探至 2%

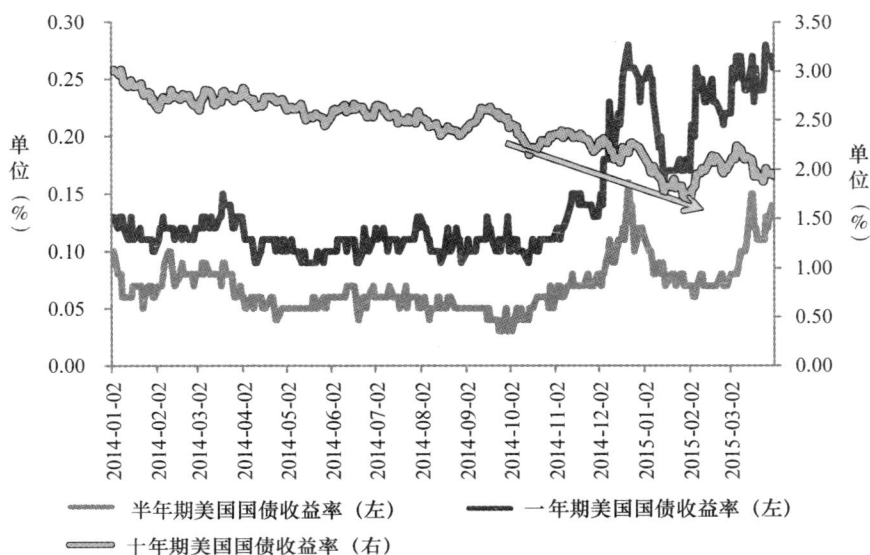

图5　2014 年 1 月 2 日至 2015 年 3 月 31 日美国国债收益率走势

资料来源：Wind 数据库。

下方的历史低位。未来一段时间，随着美元资金从新兴市场回流美国，预计美国国债收益率将持续处于较低水平，而中国持有的美元资产中绝大部分是美国国债，预计这将会给中国美元金融资产收益率带来不利影响。同时，同期的美国权益类资产表现抢眼。2014 年以来，美国股票市场持续向好，除标准普尔 500 指数涨幅较小外，道琼斯工业平均指数和纳斯达克综合指数涨势强劲（见图 6）。这表明美国权益类证券市场整体收益状况较佳。但是，由于中国美元金融资产池中仅有少量股票等权益类证券，未能充分从美国繁荣的股市中获益。这也就意味着中国持有巨额美国国债的机会成本较高，潜在收益损失较大。

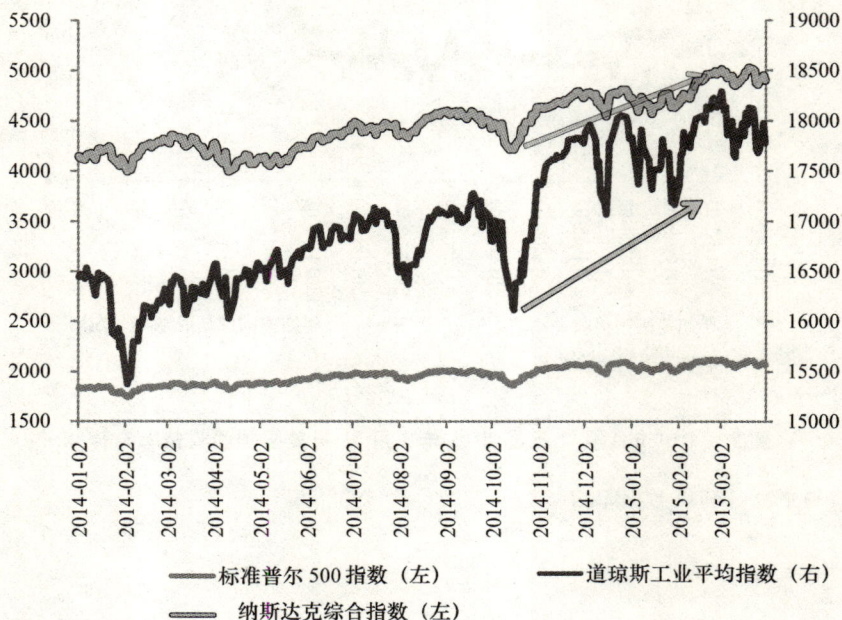

图6　2014 年 1 月 2 日至 2015 年 3 月 31 日美国三大股指每日走势

资料来源：Wind 数据库。

2. 美元金融资产长短期限错配较严重，长期证券占比偏高

中国持有的美国证券资产中大部分是长期债券，其中又以长期美国国债为主，流动性高、变现能力强的短期证券相对较少，这会带来以下潜在不利影响：

第一，通货膨胀风险。2008 年国际金融危机以来，为对抗经济衰退，美国、日本、欧盟等全球主要经济体纷纷推出大规模量化宽松货币政策，造成全球性的流动性过剩。当时，由于这些过剩的美元流动性大部分流向了新兴经济体，并未给美国国内带来明显的通货膨胀，但随着美国经济的企稳回升，过剩的美元流动性已经开始回流美国，因此，不排除未来美国出现通货膨胀的可能性。通货膨胀将会严重侵蚀中国持有的巨额长期美元债券的实际收益，进一步恶化中国境外金融资产的整体收益状况。

第二，流动性风险。由于中国美元金融资产中绝大部分是流动性较差的长期美国国债，因此，可能会面临流动性不足的问题，流动性不足会降低中国美元金融资产配置的灵活性，当今国际金融资产市场已变得非常发达和迅捷，投资机会稍纵即逝，将大量资产配置于变现能力较差的长期债券会损失一定的投资灵活度，可能会错过一些比较好的投资机会，不利于实现中国境外金融资产的保值、增值。

第三，债务违约风险。欧债危机爆发以来，主权债务违约问题再次引发关注。在当今国际金融市场日趋复杂多变的背景下，我们更要注意防范债务违约风险。近年来，美国政府债务问题日益凸显，中国持有大量长期美国国债，面临潜在的违约风险，特别是隐性债务违约行为，如债务货币化、通货膨胀政策等。

五　对策建议

1. 顺应"一带一路"战略的需要，适时调整外汇储备的管理体制和原则

"一带一路"战略的一个重心，是沿线国家之间基础设施的互联互通。中国在"一带一路"战略中的作用和角色集中体现为资金的主要提供者与基础设施建设的主要承担者。这就要求外管局不断拓展和创新外汇储备的使用途径，以满足"一带一路"基础设施建设资金需求。这实际上要求中国对部分外汇储备进行积极而非消极的管理。然而，中国目前外汇储备仍实行央行独家负责管理的"一元"模式，不能适应外汇储备的积极管理要求，缺乏实现国家战略目标的基础。需要在外汇储备管理体系中引入财政部门，从中央银行和财政部相结合这一更为综合和宏观的视角，来制定外汇储备的投资战略和管理策略。中国应顺应"一带一路"的新战略，适

时调整外汇储备管理的原则和目标，在继续强调外汇储备管理的"流动性""安全性"目标的同时，宜将"收益性"目标置于更为优先和重要的地位。在实际操作过程中，可考虑将中国的外汇储备分为流动性组合和投资性组合，流动性组合投资于高度流动性的欧美发达国家的政府债券，而投资性组合应积极拓展投资渠道，如注资国际开发银行机构和国内政策性银行、注资基础设施投资基金、增持企业的债权和股权、加大另类资产的投资力度。

2. 继续推进币种结构多元化，维持美元资产比例稳定，完善美元资产结构，适当增持欧元、日元资产

未来一段时间，美国经济将会维持强劲的复苏态势，美元汇率也将有可能继续强势，美元资产相对于其他资产可能具有较高的投资价值，从而，中国可考虑维持美元资产比例的稳定性，甚至在绝对量上可考虑增持美元资产。另外，要注意调整和改善美元资产结构。具体来说，应适度减持部分美元债券（尤其是长期美国国债），在风险可控的范围内增持部分股票等高收益类证券，改善中国美元资产整体收益状况。

同时，我们应注意到，美元相对于其他货币已经大幅升值，美元再继续大幅升值的空间较小。中国应继续推进外汇储备币种结构的多元化，中国可适当增加投资欧元、日元等经历了大幅贬值的币种，因为其汇率继续下跌的空间已较小，基本处于谷底，未来可能会出现反弹。

3. 通过海外产业发展基金和投资平台实现外汇储备分散化配置

中国可以通过一些专业性的产业发展基金（如中非基金、中国海外农业发展基金、丝路基金等）和投资平台（如亚洲基础设施投资银行、金砖国家开发银行等）实现海外资产的分散化配置。这既能帮助国内企业克服投融资问题，加快企业"走出去"步伐，又有助于缓解中国国内产能过剩问题。当前，中国在钢铁、基建领域出现了比较严重的产能过剩，而很多国家尤其是发展中国家则面临巨大的基础设施建设缺口，两者具有高度的互补性和广阔的合作空间。因此，借助于海外产业发展基金和投资平台，不仅可以实现外汇储备分散化配置，而且可以促进国内经济结构的平衡，扩大中国的国际影响力。

附 1　中国外汇储备规模近期下降的成因

　　2014 年第 3 季度以来，中国外汇储备的规模已连续 3 个季度下降。其中，2014 年第 3 季度单季下降 1055 亿美元，第 4 季度单季下降 447 亿美元，2015 年第 1 季度单季下降 1130 亿美元，累计下降 2632 亿美元。从而，中国外汇储备的规模由 2014 年第 2 季度的峰值水平 39932 亿美元，下跌至 2015 年第 1 季度末的 37300 亿美元（见附图 1）。虽然，国内社会各界普遍认为中国外汇储备规模过高，是中国宏观经济不平衡和缺乏动态效率的表现，但当中国外汇储备真正开始下降时，却引发了国内社会的忧虑和关注。这显然是一种不成熟的"重商主义"心态。事实上，随着人民币汇率日益接近长期均衡水平、"一带一路"战略的实施和企业对外投资的快速增长，中国外汇储备规模的波动性增强甚至持续下跌，将很可能成为一种常态。综合来看，中国外汇储备近期的下降主要可归咎为下述三个因素：

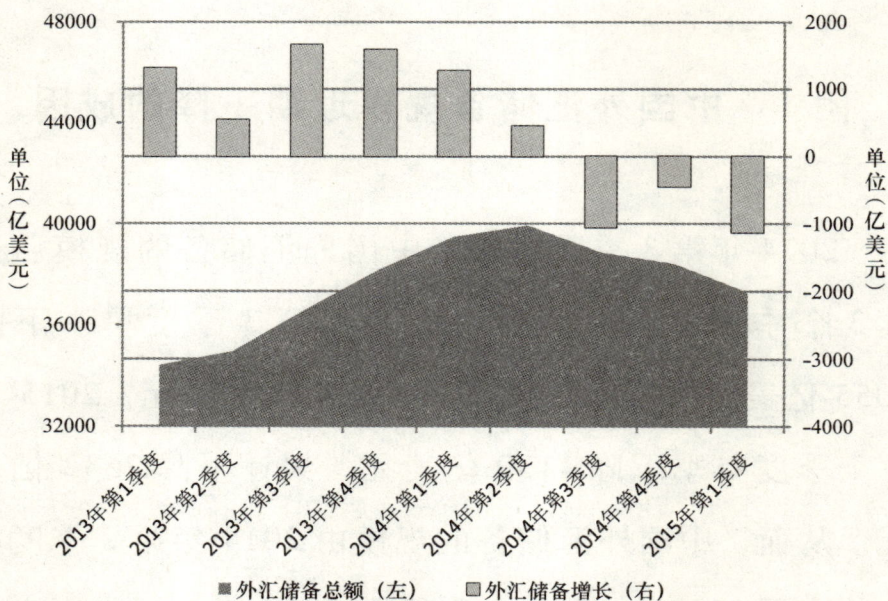

单位（亿美元）

单位（亿美元）

■外汇储备总额（左） ■外汇储备增长（右）

附图 1   中国外汇储备的规模及其变化量

资料来源：Wind 数据库。

1. 美元强势升值带来的"估值效应"

2014 年下半年以来，美元指数一路上扬，美元兑欧元、日元和英镑等全球主要货币汇率强势升值（见附图 2），由此带来的"估值效应"导致中国外汇储备中的非美元资产的美元价值出现缩水，这是造成近期中国外汇储备下降的一个重要原因。

2. 跨境资本流出

中国外汇储备减少的另一个重要原因是跨境资本流

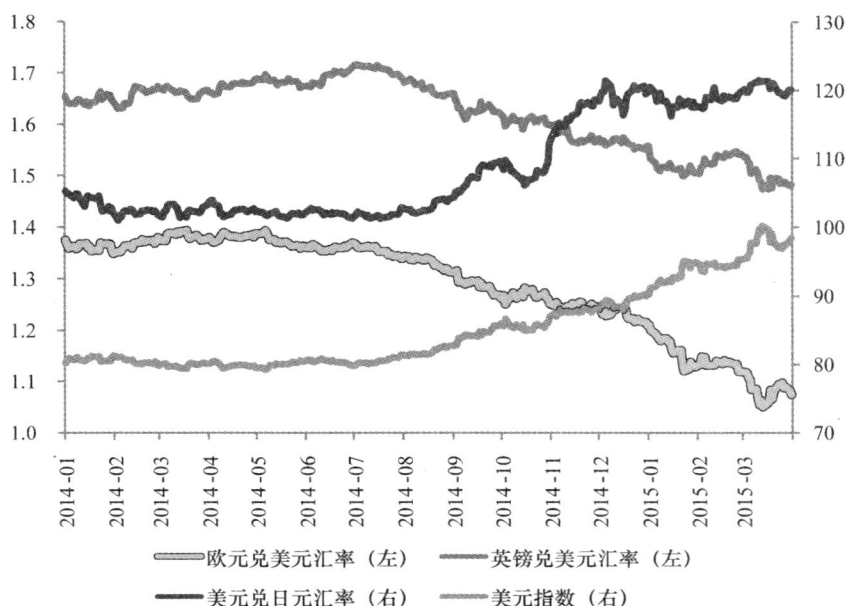

附图2　2014 年 1 月至 2015 年 3 月美元指数及美元兑主要货币汇率走势

资料来源：Wind 数据库。

出。2014 年第 3 季度以来，中美两国利差呈现出明显收窄的趋势，中美跨境资本套利空间大幅减小，使得一部分跨境套利资本流出中国（见附图 3）。此外，国际市场恐慌情绪加重以及资金市场趋紧也造成部分跨境资本从中国流回美国。如附图 4 所示，2014 年下半年以来，美国标准普尔 500 波动率指数（VIX 指数）处于高位盘整，显示市场恐慌情绪有所加重，部分资金从新兴市场国家抽逃；3 个月泰德利差出现明显上升趋势，反映市场资金状况趋紧，银行借贷成本提高，资金回流发达市场趋势显现。

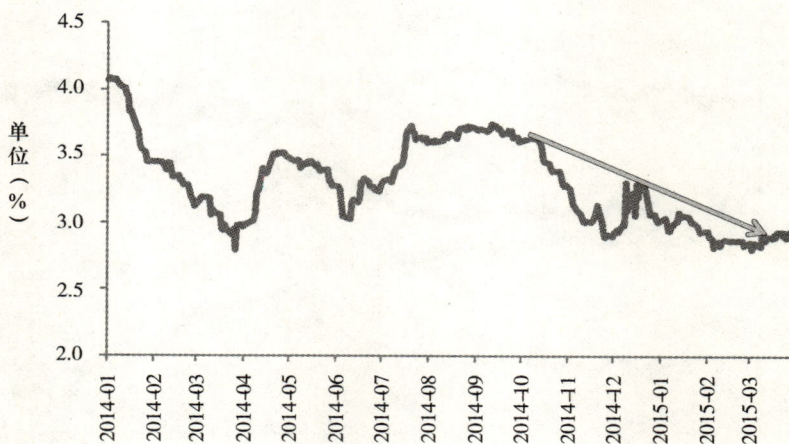

附图 3　2014 年 1 月至 2015 年 3 月中美两国国债收益率的利差走势

注：中美利差 = 中国 1 年期国债收益率—美国 1 年期国债收益率

资料来源：Wind 数据库。

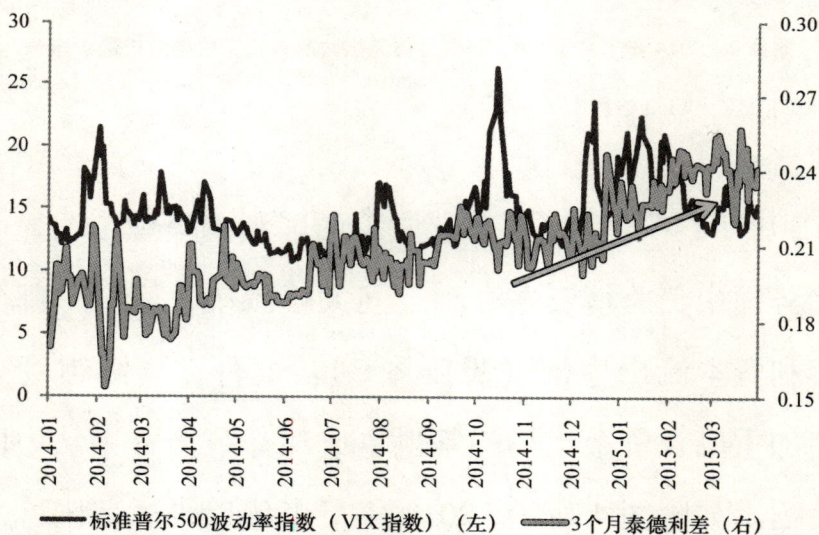

标准普尔500波动率指数（VIX指数）（左）　　3个月泰德利差（右）

附图 4　2014 年 1 月至 2015 年 3 月 VIX 波动率与泰德利差走势

注：市场波动率 VIX 指数根据标普 500 指数期权的隐含波动率计算，数值越高说明市场恐慌情绪越重；泰德利差为 3 月期伦敦银行间同业拆借市场（LIBOR）美元利率和 3 月期美国国债收益率之差，主要反映市场资金状况，差距扩大说明市场资金趋紧，银行借贷成本提高。

资料来源：Wind 数据库。

3. 央行外汇干预

2014 年下半年开始，香港离岸市场人民币兑美元汇率大幅贬值，离在岸市场人民币汇率偏离逐渐拉大（见附图 5），为了稳定人民币汇率中间价，防止人民币汇率大幅贬值进而影响金融市场稳定，央行在外汇市场卖出美元，导致央行外汇储备出现一定程度下降。

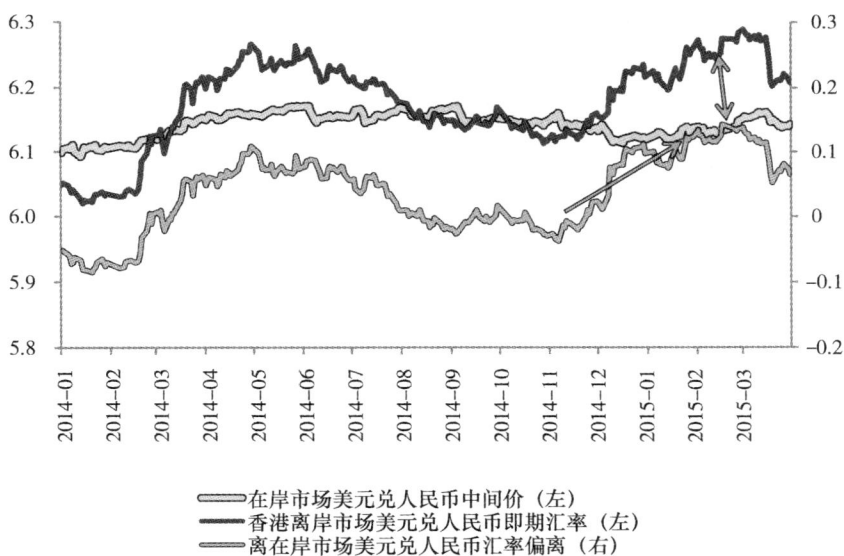

- 在岸市场美元兑人民币中间价（左）
- 香港离岸市场美元兑人民币即期汇率（左）
- 离在岸市场美元兑人民币汇率偏离（右）

附图 5　2014 年 1 月至 2015 年 3 月在岸和离岸市场美元兑人民币汇率走势

资料来源：Wind 数据库。

2014 年 9 月起，中国央行外汇占款总量开始下降，刚开始时下降较为平缓，12 月开始急速下降。其中，

2014 年 12 月单月下降 1314 亿元人民币，2015 年 1 月下降幅度达到 7934 亿美元。外汇占款总量下降说明中国央行在外汇市场卖出美元，买入人民币，从而导致中国外汇储备量下降。

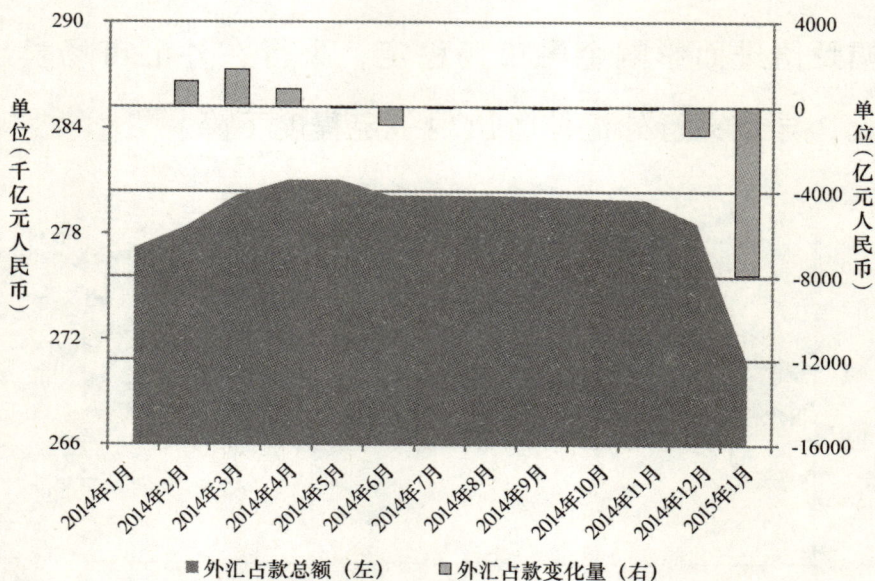

附图6　2014 年 1 月至 2015 年 1 月中国央行外汇占款及其变化量

资料来源：中国人民银行统计数据。

附 2　中国投资公司的海外资产配置与收益

中国投资公司成立于 2007 年 9 月，注册资本 2000 亿美元。组建中投公司的宗旨是实现国家外汇资金多元化投资，努力在风险可接受范围内实现股东权益最大化，以服务于国家宏观经济发展和深化金融体制改革的需要。中投公司下设两个全资子公司，分别是中投国际有限责任公司（简称"中投国际"）和中央汇金投资有限责任公司（简称"中央汇金"）。

中投国际于 2011 年 9 月设立，承接了中投公司的全部境外投资和管理业务。作为长期财务投资者，中投国际基于商业原则在境外开展公开市场投资与长期资产投资相结合的多元化投资业务。中投国际成立后，国家向其增资 490 亿美元。中央汇金公司通过行使出资人权利和履行出资人义务，改善所投资企业的公司治理，实现国有金融资产的保值、增值。

1. 中投公司的海外资产配置结构

根据战略资产配置方案和审慎风险管理原则，中投公司在全球范围开展投资，投资资产类别包括公开市场股票、固定收益、绝对收益、长期资产和现金及现金产品（见附表 1）。

附表1   中投公司投资资产类别

投资资产类别	投资资产类别介绍
1. 公开市场股票	指对上市公司的股权投资
2. 固定收益	包括国债、公司债等各种债券产品
3. 绝对收益	包括对冲基金、风险均配和多资产策略等
4. 长期资产	包括泛行业直接投资、泛行业私募基金、资源/大宗商品、房地产和基础设施等
5. 现金及现金产品	包括隔夜存款和短久期美国国债等

资料来源:《中投公司年报》。

2013年底,中投公司投资资产池中占比最大的资产类别是公开市场股票,占比达到40.4%,其次是长期资产,占比为28.2%,接下来是固定收益和绝对收益类资产,占比分别为17%和11.8%,现金及现金产品的比例最低,仅为2.6%。

2013年底,中投公司境外投资债券主要是主权债,包括发达国家主权债和新兴经济体主权债,合计占71%,投资级公司债占到26%,剩下的3%是通胀挂钩债。

2013年末,中投公司的海外股票投资集中于发达国家,占83%,其中,美国占46%,其他发达国家占37%;新兴市场占17%。在股票投资的行业分布方面,

金融行业一支独大，占 22.9%，弹性消费品行业和信息
科技行业紧随其后，各约占 12% 的比重，工业和医疗卫
生行业的比例约为 10%，能源、原材料行业分别占
8.5%、5.5%。

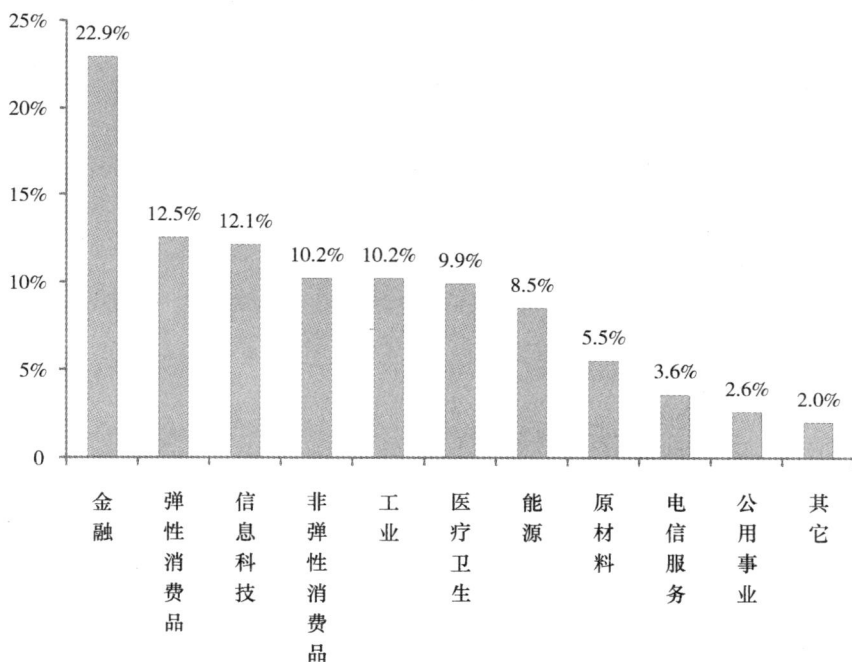

附图 7　2013 年底中投公司境外股票投资行业分布情况

资料来源：《中投公司年报》。

2. 中投公司海外投资业绩

中投公司取得了不俗的海外投资业绩。2013 年，中
投公司境外投资业务账面净收益率为 9.33%。2008—

2013 年，中投公司海外投资的累计年化净收益率达 5.7%。

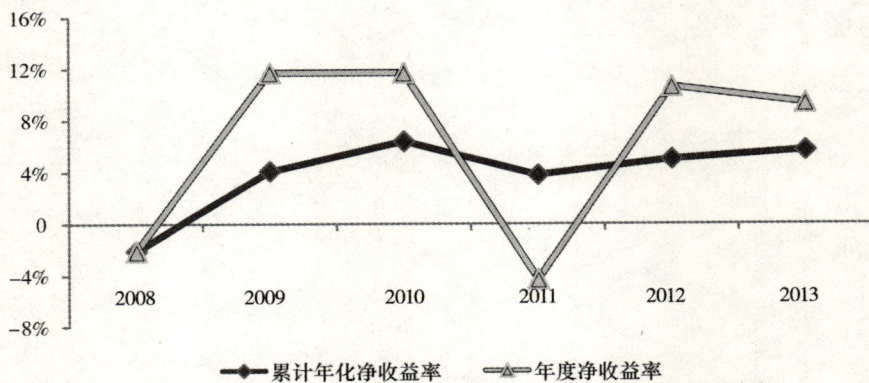

附图 8   2008—2013 年中投公司境外投资累计年化与年度净收益率

资料来源：《中投公司年报》。

专题 1

四大自贸区的"负面清单"与中美 BIT 谈判的"负面清单"有何不同？*

2015 年 4 月 20 日，国务院发布了《自由贸易试验区外商投资准入特别管理措施（负面清单）》（以下简称《自贸试验区负面清单》），这标志着广东、天津、福建三个新设自贸试验区将与上海自贸试验区适用统一的"负面清单"。在 2014 年 7 月举行的中美战略与经济对话中，中美双方承诺在 2015 年早期以各自的"负面清单"出价为基础启动负面清单谈判。在现阶段，负面清单已成为中美双边投资协定（BIT）谈判的核心问题。那么，新发布的《自贸试验区负面清单》与中美 BIT 正在谈判的"负面清单"有哪些不同之处呢？下文予以简要分析。

---

　　* 执笔人为韩冰。

一　自贸试验区的"负面清单"

1.《自贸试验区负面清单》的主要内容

国务院近日发布的《自贸试验区负面清单》①，依据现行有关法律法规制定，列明了在上海、广东、天津、福建四个自由贸易试验区内不符合国民待遇等原则的外商投资准入特别管理措施。

《自贸试验区负面清单》采用了此前上海自贸区分别于 2013 年 10 月和 2014 年 6 月发布的《中国（上海）自由贸易试验区外商投资准入特别管理措施（负面清单）》相同的框架，即"保留行业 + 特殊管理措施"。

在内容方面，《自贸试验区负面清单》依据《国民经济行业分类》（GB/T4754—2011）划分为 15 个门类、50 个条目、122 项特别管理措施。其中特别管理措施包括具体行业措施和适用于所有行业的水平措施。与此前上海自贸区发布的两版"负面清单"相较，《自贸试验区负面清单》在内容上进一步瘦身。2013 版上海自贸区

---

① 详细规定见中国政府网：http：//www. gov. cn/zhengce/content/2015—04/20/content_ 9627. htm，2015 年 4 月 26 日最新访问。

"负面清单"的特别管理措施有 190 项，2014 版减少到 139 项，而《自贸试验区负面清单》中只有 122 项特别管理措施，充分体现了《自贸试验区负面清单》建设开放高地的创新特点。

此外，《自贸试验区负面清单》在"说明"中指出，《自贸试验区负面清单》中未列出的与国家安全、公共秩序、公共文化、金融审慎、政府采购、补贴、特殊手续和税收相关的特别管理措施，按照现行规定执行。自贸试验区内的外商投资涉及国家安全的，须按照《自由贸易试验区外商投资国家安全审查试行办法》进行安全审查。

2. 《自贸试验区负面清单》的重要意义

《自贸试验区负面清单》明确规定四大自贸试验区采用统一的"负面清单"，有利于四大自贸区成为推进改革和提高开放型经济水平的"试验田"，形成可复制、可推广的经验，也有利于进一步扩大开放、激发市场活力，还有利于促进我国外商投资管理机制与国际投资规则发展新动向、新趋势接轨，进一步提升与优化我国的投资环境。

此外，《自贸试验区负面清单》还可以为未来编制国家版负面清单奠定基础。2014 年 7 月国务院发布的《国务院关于促进市场公平竞争维护市场正常秩序的若干意见》（国发〔2014〕20 号）明确指出："制定市场准入负面清单，国务院以清单方式明确列出禁止和限制投资经营的行业、领域、业务等，清单以外的，各类市场主体皆可依法平等进入；地方政府需进行个别调整的，由省级政府报经国务院批准。"通过自贸试验区对"负面清单"制度的试验，有助于我国在深化对外开放的同时，有效防控风险，从而最终促进我国构建统一、透明、规范和成熟的市场经济体系。

二　中美 BIT 谈判的"负面清单"

1. 美国 2012 年 BIT 范本中的负面清单规定

根据美国 2012 年 BIT 范本第十四条"不符措施"规定，在缔约方达成协议的前提下，可针对协定中的国民待遇、最惠国待遇、业绩要求和高级管理人员与董事会四项义务进行"不符措施"谈判。如果缔约方对以上四项条款有保留，可以通过谈判将所有不适用于这些条款或不符合这些条款义务的个别措施逐一列明到协定的附件中，即"负面清单"。

"负面清单"作为协定的一部分，需要按照特定的格式列出特殊措施。根据以往的缔约实践，"负面清单"一般包括三个附件。第一个附件，是已经实施的法律法规和其他措施当中，有不符合协定中前述四项义务的措施，用清单方式列出来，即中央政府层面和地方政府层面的任何现行"不符措施"清单。凡列入附件 1 的不符措施，修订时需要受制于"棘轮"机制的规定，即附件 1 不得出现倒退。例如，如果一国政府开放一行业，其开放程度不允许降低，不允许倒退。第二个附件，对于将来要求保留采取不符措施权力的部门和领域，也要列出一张清单，即附件 2。第三个附件，专门列出金融部门的不符措施，也分为已实施的不符措施和保留采取不符措施权力的部门和领域两个清单，合起来称为附件 3。①

---

① 王新奎：《中国（上海）自贸试验区改革的重点：对外商投资准入实施"负面清单"管理》，载《上海对外经贸大学学报》2014 年第 1 期，第 9 页。

专栏 1　美国 2012 年 BIT 范本中可以保留

"不符措施" 条款规定①

第 3 条　国民待遇

1. 缔约一方给予缔约另一方投资者在其领土内设立、取得、扩大、管理、经营、运营、出售或其他投资处置方面的待遇，不得低于在相同情势下给予本国投资者的待遇。

2. 缔约一方给予合格投资在其领土内设立、取得、扩大、管理、经营、运营、出售或其他投资处置方面的待遇，不得低于在相同情势下给予本国投资者的投资的待遇。

3. 对于地方政府而言，缔约一方依照前两款规定所给予的待遇是指，不得低于在相同情势下该地方政府给予居住在该缔约方其他地方政府所在地区的自然人，或依照该缔约方其他地方政府所在地的法律所组建的企业，以及上述自然人及企业的投资的待遇。

第 4 条　最惠国待遇

1. 缔约一方就其领土内的投资的设立、取得、

---

① 以下条款根据美国 2012 年 BIT 范本翻译，http：//www. state. gov/documents/organization/188371. pdf。

扩大、管理、经营、运营、出售或其他处置所给予缔约另一方的投资者的待遇，不得低于在相同情势下给予任何非缔约方投资者待遇。

2. 缔约一方就投资的设立、取得、扩大、管理、经营、运营、出售或投资的其他处置所给予合格投资的待遇，不得低于在相同情势下给予任何非缔约方投资者在其领土内的投资的待遇。

第 8 条　业绩要求

1. 缔约方对于在其领土内的缔约另一方或非缔约方的投资者的投资的设立、取得、扩大、管理、经营、运营、出售或其他处置方面，不得强加或执行以下任何要求或强制执行以下任何承诺或保证[①]。

（a）出口特定水平或比例的货物或服务；

（b）达到特定水平或比例的国内含量；

（c）购买、使用其境内生产的货物或对其境内生产的货物给予优惠，或从其境内的企业或自然人处购买货物；

（d）以任何方式将进口的数量或价值与出口的

---

① 为进一步明确，第 2 款中所指的获得或持续获得优惠条件并不构成第 1 款中的"承诺或保证"。

数量或价值或与此投资有关的外汇流入额相联系；

（e）限制此投资生产的货物或提供的服务在其领土内的销售，通过将此销售以任何方式与其出口数量或价值或者外汇收入相联系；

（f）向其领土内的企业或自然人转让特殊技术、生产工艺或其他专有知识；

（g）向特定区域市场或世界市场提供仅从该缔约方领土内投资生产的货物或提供的服务；或

（h）（Ⅰ）在其领土内购买、使用或优先考虑该缔约方或该缔约方的企业或自然人的技术；① 或

（Ⅱ）在其领土内阻止购买、使用或优先考虑特定技术，

从而基于国籍为本国投资者或者投资或者缔约方的技术或者缔约方企业或自然人的技术提供保护。

2. 缔约方在有关其领土内的缔约一方或非缔约方的投资者的投资的设立、取得、扩大、管理、经营、运营、出售或其他处置方面，不得以遵守下列

---

① 本条中，"缔约方或缔约方的企业或自然人的技术"包括该缔约方所有或该缔约方的自然人或企业所有的技术，以及该缔约方或该缔约方自然人或企业拥有排他许可权的技术。

要求作为获得或持续获得优势的条件：

（a）达到特定水平或比例的国内含量；

（b）购买、使用其领土内生产的货物或优先考虑其领土内生产的货物，或从其境内的企业或自然人处购买货物；

（c）以任何方式将进口的数量或价值与或出口的数量或价值或与此投资有关的外汇流入额相联系；

（d）限制此投资生产的货物或提供的服务在其领土内的销售，通过将此销售以任何方式与其出口数量或价值或者外汇收入相联系。

3.（a）第 2 款不得被解释为阻止缔约一方在其领土内以遵守生产地点、提供服务、培训或雇佣员工、建设或扩大特定设施或进行研究与发展等方面的要求作为缔约一方或非缔约方投资者在其领土内的投资获得或持续获得优惠的条件；

（b）第 1 款（f）和（h）项规定不适用于：

（Ⅰ）缔约一方根据《与贸易有关的知识产权协定》第 31 条规定授权使用一项知识产权，或者将其用于《与贸易有关的知识产权协定》第 39 条范围内且符合第 39 条规定的要求披露私人信息的措施；

或是

（Ⅱ）法院、行政法庭或者竞争机构苛加的要求或强制执行的承诺或保证，为救济依照该缔约方的竞争法经司法或行政程序认定的反竞争行为;[①]

（c）如果这些措施并未以任意或不合理的方式适用，并且如果这些措施不构成对国际贸易或投资的变相限制，第1款（b）、（c）、（f）与（h）项以及第2款（a）与（b）项规定不得被解释为阻止缔约一方采取或维持以下措施，包括环境措施：

（Ⅰ）为确保遵守与本协定不一致的法律法规所必要;

（Ⅱ）为保护人类、动物或植物的生命或健康所必要;或

（Ⅲ）与保护生物或非生物的可用竭自然资源有关。

（d）第1款（a）、（b）和（c）项与第2款（a）和（b）项规定不适用于促进出口和外国援助项目的相关货物或服务的资格要求。

---

① 缔约双方认识到专利并不必然获得市场势力。

（e） 第 1 款 （b）、（c）、（f）、（g） 和 （h） 项与第 2 款 （a） 和 （b） 项规定不适用于政府采购。

（f） 第 2 款 （a） 和 （b） 项规定不适用于进口方为有资格获得优惠关税或配额优惠所必需而施加的关于货物成分的要求。

4. 为进一步明确，第 1 款和第 2 款规定不适用于上述条款列出的规定以外的承诺、义务或要求。

5. 如果缔约方未强加或要求承诺、保证或要求，本条规定不阻止私人之间达成的承诺、保证或要求的强制执行。

第 9 条 高层管理人员与董事会

1. 任何缔约方不得要求缔约一方合格投资的企业任命任何特定国籍的自然人为高层管理人员。

2. 缔约一方可以要求该方合格投资的企业的多数董事会或其委员会成员为特定国籍或在其领土内居住，如果此要求不会实质性损害投资者控制其投资的能力。

此外，依照第十四条"不符措施"规定，"国民待遇"和"最惠国待遇"不适用于《与贸易有关的知识产权协定》第三条或第四条中关于义务例外或减损的任何措施，这些例外或减损规定在《与贸易有关的知识产权协定》中的第三条、第四条和第五条。并且，"国民待遇""最惠国待遇"和"高级管理和董事会"规定不适用于政府采购或缔约一方提供的补贴或补助，包括政府支持的贷款、担保和保险。①

2. 美国 BIT 负面清单的实践

在实践中，负面清单模式下可以发现两种清单保留方法。一种是详尽列举法，采取这种方法的清单需要详细说明缔约方有意保留或在将来适用的"不符措施"的性质和范围；另一种清单保留方法是一些国际投资协定仅要求列明希望在哪些领域保留"不符措施"，而无须详细阐述。这两种保留方法均可见于美国已缔结的 BIT 的负面清单中。除《美国—卢旺达双边投资协定》外，大多数美国已缔结的 BIT 并未采用详尽列举法。例如，《美国—玻利维亚双边投资协定》在附件中规定："美利坚合众国政府在对以下领域或与以下事项相关的合格投

① 参见《美国 2012 年 BIT 范本》第十四条，http：//www. state. gov/documents/organization/188371. pdf。

资给予国民待遇时，可采取或维持例外规定：原子能、报关代理、广播许可、公用运输、航空电台；通信卫星；补贴或补助，包括政府支持的贷款、担保和保险；州和地方政府依照《北美自由贸易协定》第 1102 条和第 1108 条所取得的措施豁免；以及海底电缆铺设。"从该规定可以看出，它仅说明了保留国民待遇义务例外的领域，并没有具体描述"不符措施"、政府层级等内容。

相较而言，《美国—卢旺达双边投资协定》采用了详尽列举法，按照这一方法，一项不符措施条目列入负面清单需要说明例外安排针对哪一部门、所涉义务、政府层级、引用的措施、描述以及任何相关过渡安排。例如该协定附件中列出的一项不符措施：

领域：原子能

有关条款：国民待遇（第三条）

政府层面：中央

措施：1954 年原子能法，《美国法典》第 42 编第 2011 条及下文。

说明：在美国从事州际贸易的任何人出于商业

或工业需要，进行任何核能"利用或生产设施"的传送或接收、制造、生产、转让、使用、进口或出口时，须向美国核能管理委员会申领许可证。此许可证不得颁发给已知或详细知道的、受外国人雇佣、控制或支配的任何实体、外国公司或外国政府（《美国法典》第 42 编第 2133 条（d）款）。将核能"利用或生产设施"用于药物治疗，或用于研究和开发活动时，也须向美国核能管理委员会申领许可证。此许可证不得颁发给已知或详细知道的、受外国人雇佣、控制或支配的任何实体、外国公司或外国政府（《美国法典》第 42 编第 2134 条（d）款）。①

从美国 BIT 中列出的不符措施规定看，主要事项范围包括原子能、采矿、外资保险、空运、报关服务、证券登记、无线电通信、有线电视、卫星通信、海事服务和金融服务等。

---

① 参见《美国—卢旺达双边投资协定》附件 1，美国国务院，ht-tp：//www. state. gov/e/eb/ifd/bit/117402. htm，2015 年 1 月 25 日访问。

三 自贸试验区的"负面清单"与中美 BIT"负面清单"的区别

《自贸试验区负面清单》与中美 BIT"负面清单"的区别主要表现在以下六个方面：

一是法律效力不同。《自贸试验区负面清单》仅具有国内法效力。而中美双边投资协定"负面清单"一旦达成，其将具有国际法效力。

二是适用范围不同。《自贸试验区负面清单》适用于上海、广东、天津、福建四个自由贸易试验区。而中美 BIT 谈判达成的"负面清单"作为国际法将对中国各地区均适用。

三是修订要求不同。《自贸试验区负面清单》在"说明"部分指出，其可以根据实践发展需要适时调整。而按照美国 2012 年 BIT 范本规定，中美 BIT 谈判中的"负面清单"的首个有效期是 10 年，再度修订时需要缔约国进行正式谈判。并且，自终止之日起的 10 年，除去涉及合格投资的设立或取得的适用条款，所有其他条款将继续适用于在终止之日前设立或取得的合格投资。

四是内容不同。《自贸试验区负面清单》仅列明了不符合国民待遇等原则的外商投资准入特别管理措施。而按照美国 2012 年 BIT 范本规定，中美 BIT 谈判中的"负面清单"将包括对国民待遇、最惠国待遇、业绩要求、高级管理人员和董事会等条款义务的保留。值得指出的是，根据联合国贸发会的研究，双、多边投资协定中对国民待遇条款的限制是最普遍的保留措施。①

五是透明度不同。《自贸试验区负面清单》中仅列出了保留的领域与特别管理措施内容。而中美 BIT 谈判中列入"负面清单"的不符措施条目，需要说明例外安排针对哪一部门、所涉义务、政府层级、引用的措施、描述以及任何相关过渡安排。因此，后者在透明度方面要求更高。

六是争端解决机制不同。投资者就《自贸试验区负面清单》发生争议时，需依照国内司法程序寻求救济。而按照美国 2012 年 BIT 范本规定，投资者因东道国违反中美 BIT 中的义务、投资授权或投资协定而遭受损害时，

① 参见 UNCTAD（2006），Preserving Flexibility in IIAs: The Use of Reservations（New York and Geneva: United Nations），United Nations publication, 2006, Sales No. E. 06. II. D. 14, p. 55。

可按照协定中"投资者与国家间投资争端解决机制"直接向国际仲裁机构提起仲裁。

四　结语

综上分析可知，《自贸试验区负面清单》与中美 BIT 谈判中的"负面清单"仍存在诸多不同之处。尽管如此，《自贸试验区负面清单》的出台，不仅可以为未来国家版"负面清单"出台奠定基础，而且可以为中国编制中美双边投资协定"负面清单"提供重要参考。

专题 2

亚投行的成立及影响[*]

亚投行作为第一家由新兴经济体主导的多边开发银行，成立具有突出的时代背景，对促进亚洲国家经济发展与区域经济一体化具有重要意义。西方发达国家加入亚投行在为这些国家带来切身利益的同时，也将有利于亚投行的未来发展。亚投行建立是中国参与全球金融治理的重要里程碑。

一 亚投行的成立

亚投行全称亚洲基础设施投资银行（Asian Infrastruc-

---

[*] 执笔人为高蓓。

ture Investment Bank，AIIB），是第一家新兴经济体主导的、政府间性质的亚洲区域多边开发机构，其基本宗旨是通过支持亚洲国家基础设施和其他生产性领域的投资，促进亚洲地区经济发展和区域经济合作。

2013 年 10 月，习近平主席出访东南亚时，正式提出筹建亚投行的倡议，并得到积极响应和广泛支持。目前，意向创始成员国已达到 41 个之多，相信之后将有更多国家加入其中。

初期亚投行将主要向主权国家的基础设施项目提供主权贷款。针对不能提供主权信用担保的项目，引入公私合作伙伴关系模式。通过亚投行和所在国政府出资，与私营部门合理分担风险和回报，动员主权财富基金、养老金以及私营部门等更多社会资本投入亚洲发展中国家的基础设施建设。

亚投行的成立具有突出的时代背景。虽然对于新兴多边开发机构的研究是最近两年产生的一个新议题，但这个议题的产生背景可以追溯到 2008 年金融危机。危机爆发后，各国都认识到货币体系改革的重要性和必要性，同时随着全球经济格局的变化，新兴经济体在全球经济中的占比大幅提高，其要求增加在 IMF 中的出资比例及相应话语权，但由于既有格局已经形成，既得利益者很难同意通过股权稀释转移权利，导致货币体系改革陷入僵局。此外，危机后需要通过增加基础设施投资来促进全球经济复苏，但由于现有国际金融机构对以基础设施为主的开发性资金供给相对不足，因此以中国为主导的新兴经济体决定建立新兴经济体主导的国际金融机构，一来可以增加对新兴经济体基础设施投资的投入，二来能够间接倒逼国际货币体系的进一步改革。

亚投行对促进亚洲国家经济发展与区域经济一体化具有重要意义。创建亚洲基础设施投资银行，通过公共部门与私人部门的合作，有效弥补亚洲地区基础设施建设的资金缺口，推进亚洲区域经济一体化建设。可以预见，亚投行的成立将是一个多赢的局面。第一，有利于扩大全球投资需求，支持世界经济复苏；第二，有利于通过基础设施项目，推动亚洲地区经济增长，促进私营经济发展并改善就业；第三，通过提供平台将本地区高储蓄率国家的存款直接导向基础设施建设，实现本地区内资本的有效配置，并最终促进亚洲地区金融市场的迅速发展；第四，中国可以有效利用大量外汇储备，加强与周边国家互联互通，带动中国国内西北、东北、西南等欠发达地区的经济发展。

二　西方国家加入亚投行的原因分析

亚投行筹建阶段的成员构成主要按照"先域内后域外、开发包容、稳步推进"的原则推进。相比之前成立的金砖开发银行，亚投行的成立吸引了更多世人的目光，随着英国宣布加入，舆论的关注更是前所未有。

对于包括英国在内的主要欧洲国家加入亚投行的原因，作者认为可以从两方面分析：其一，加入亚投行符合欧洲各国的国家利益。2008 年金融危机后，欧洲整体受到严重创伤，经济增速普遍下降，甚至一度存在欧元区解体的风险，但曾在二战后给予欧洲大量援助的美国此时已经自顾不暇，欧洲急需找到经济增长的新引爆点，此时中国提出的"一路一带"计划让欧洲不仅看到了大规模投资机会，还有广阔的市场，因此置美国反对于不顾加入亚投行是欧洲各国追求自身利益最大化的最佳选择。而对英国来说，第一个加入亚投行也将使自己在未来坐稳人民币跨境清算中心的宝座，延续金融业竞争优势是英国再次快速发展的前提。其二，加入亚投行是因为欧洲需要发展的亚洲与之共同对抗美国。金融危机后，掌握世界评级体系话语权的美国开始通过调低欧盟各国评级结果对欧元进行战略性打压，此时，欧洲各国普遍认识到，即使欧洲各国联合起来，在与美国的对抗中也处于下风。因此，无论是国家利益还是与美国的对抗，欧洲都需要一个发展的亚洲伙伴。

而美国出于对自身在全球金融体系中主导地位的维护，对亚投行强烈反对。但从 2008 年金融危机的爆发来看，原有金融体系本质上存在严重缺陷，虽然之后美国采用了大量激进政策促使经济较快复苏，但美国的复苏，不仅没有对欧洲和日本带来好处，反而导致整个新兴经济体面临美国宽松货币政策退出的风险。因此，我们认为，美国无法从根本上继续维护原有金融治理体系。而从这个意义上讲，美国将来也有可能改变其关于"亚投行"的策略。

西方发达国家加入亚投行在为这些国家带来切身利益的同时，也将有利于亚投行的未来发展。第一，提升西方世界对亚投行的认可程度。英国加入对西方各国带来强烈的心理暗示和冲击，形成巨大的示范效应，随后加入的欧洲多国，以及未来可能加入的国家，都将较大程度改变亚投行的股东格局，提升西方世界对亚投行的认可程度，将亚投行由一个区域性银行变为一个真正的全球金融机构。第二，提高亚投行的评级级别。按照目前国际"三大"评级机构的超主权评级方法，在西方多国加入之前，由于亚投行的成员国也为潜在的贷款国，且级别普遍较低，因此亚投行的评级级别经专业人士预测可能与中国的主权评级一致，低于多数多边开发银行的级别，但西方各国的加入，在一定程度上改变了这种被动局面，会提高亚投行的评级级别，继而降低其融资成本，更好地实现其最初目标。同时也应看到，西方国家的加入将要求亚投行未来的运作更加透明和去政治化，这对亚投行来说未必不是好事。

三　亚投行成立的影响

亚投行作为与世行、亚行类似的多边开发银行，具有所有多边开发银行的共性；但同时，亚投行作为第一家由新兴经济体主导的多边开发银行，与其他多边开发银行相比，又有自己的独特之处。例如，第一，与世行和亚行的减贫目标相比，亚投行更专注于基础设施建设投资，以促进亚洲区域内的互联互通作为自己的首要目标；第二，亚投行的治理结构在吸取已有多边开发银行经验的基础上，进行了修改和完善，比如不设常驻理事会，这将大大降低亚投行的运营成本，提高投资效率。

亚投行的成立对世行和亚行的影响是竞争与合作并存。一方面，亚投行虽然与世行和亚行投资领域不完全重合，但仍然不可避免地存在竞争关系，实际上，适度的竞争有利于双方的发展，提高效率。另一方面，亚投行作为新的多边开发银行，虽然资金充足，但在运营管理等方面的经验较为欠缺，与原有多边开发银行的合作可以在减缓原有机构融资压力的同时，为亚投行积累项目运营经验。而从长期来看，与亚行、世行等多边开发银行进行合作一定是其发展的主旋律。

亚投行的建立是中国参与全球金融治理的重要里程碑。这是中国首次尝试发挥大国角色、承担大国责任，是对现有治理格局的重大挑战，将间接推动国际金融秩序的变革，使其在更大程度上反映新兴经济体的诉求。在全球经济低迷的大背景下，美国对全球经济的影响力和拉动力逐渐减弱，中国"一路一带"战略安排得到更多认可，继而带动中国在全球的影响力提升。未来随着亚投行的进一步发展，中国将更多融入全球经济和国际金融市场，这将有助于中国的经济发展步入一个新阶段。

此外，亚投行的建立在实现资源整合的同时，也将在一定程度上推动国际金融治理理念的民主化、多元化。同时，通过建设创新的开发金融机构，推动新兴经济体的支付、评级、审计体系建设。譬如，可在亚投行中采用本币注资和基于本币的贷款项目。又如可在项目评级需求中，要求同时出具国际知名评级机构的评级报告以及亚洲地区评级机构的评级报告，以推动亚洲地区的评级事业发展。这些举措将通过增强货币实力、评级与审计话语权等推动新兴经济体的国际经济软实力建设。